시니어 에센스 워크북 3

소망

사랑마루

시니어 에센스 워크북3 '소망' 과정

발행일_초판 2025년 1월 17일
발행인_문창국
발행처_사랑마루
편집인_강형규
기획/편집_강영아
미디어_장주한 이재훈 김남선
디자인_권미경 하수진
일러스트_최동호 인포처치
홍보/마케팅_안용환 육준수
경영지원_조미정

집필_문관숙 고상희 이우섭 강지희
감수_박진숙

도서출판 사랑마루
서울시 강남구 테헤란로64길 17(대치동)
홈페이지 http://www.eholynet.org
등록 2011년 1월 17일 등록번호 제2011-000013호
ISBN_ 979-11-90459-46-4 03230
가격_11,000원

목차

01 또 만났네요! _ 5p

02 소망과 준비 _ 7p

03 우리의 궁극적인 소망 _ 13p

04 메멘토 모리 _ 19p

05 천국 소망을 찾아서 _ 25p

06 호사유피 인사유명 _ 27p

07 믿음의 유산 _ 33p

08 나의 존엄한 죽음을 위하여 _ 39p

09 나를 기억해줘요! _ 47p

10 끝이 아닌 영원으로 _ 53p

▌활동자료_ 55p

01

또 만났네요!

해질 무렵 어느 날

이해인

꽃 지고 난 뒤
바람 속에 홀로 서서
씨를 키우고
씨를 날리는 꽃나무의 빈집

쓸쓸해도 자유로운
그 고요한 웃음으로
평화로운 빈손으로

나도 모든 이에게
살뜰한 정 나누어주고
그 열매 익기 전에
떠날 수 있을까

만남보다
빨리 오는 이별 앞에
삶은 가끔 눈물겨워도
아름다웠다고 고백하는
해질 무렵 어느 날
애틋하게 물드는
내 가슴의 노을빛 빈집

또 만났네요! 이번엔 "소망"입니다!

준비물

'소망' 과정 소개 카드(활동자료 p.57)

이렇게 참여해요!

1. 활동자료에서 '소망'과정 카드를 찾아서 1강부터 10강까지의 내용을 읽어봅니다.
2. 카드를 뜯어냅니다.
3. '소망'과정에 참석한 참석자들과 스태프들도 함께 게임에 참여합니다. 아래 규칙을 참고하여 게임을 합니다.

> *게임규칙
> 1. '소망'과정 카드를 들고 돌아다니다 참석자와 1:1로 만납니다.
> 2. 1:1로 만난 참석자와 서로 이름과 나이, 소속 구역 등을 소개합니다.
> 3. 만난 참석자와 가위, 바위, 보를 하여 이긴 사람이 진 사람의 카드 한 장을 획득합니다.
> 4. 인도자의 안내까지 게임을 진행합니다.

4. 게임을 마친 후에는 모든 카드를 다시 10장 세트가 되도록 각각의 참석자들에게 돌려 주세요.

1강. 또 만났네요.	2강. 소망과 준비	3강. 우리의 궁극적인 소망
4강. 메멘토 모리	5강. 천국 소망을 찾아서	6강. 호사유피 인사유명
7강. 믿음의 유산	8강. 나의 존엄한 죽음을 위하여	9강. 나를 기억해줘요!
10강. 끝이 아닌 영원으로		

나눠보세요.

1. 시니어 에센스 '소망' 과정을 함께 하는 분들의 이름을 적어보세요.

2. 시니어 에센스 '소망' 과정에서 기대하는 것은 무엇인가요?

3. 시니어 에센스 '소망' 과정을 위해 기도하고 싶은 것은 무엇인가요?

월 일 요일

02

소망과준비

말씀의 시니어

1 벨은 엎드러졌고 느보는 구부러졌도다 그들의 우상들은 짐승과 가축에게 실렸으니 너희가 떠메고
다니던 그것들이 피곤한 짐승의 무거운 짐이 되었도다
2 그들은 구부러졌고 그들은 일제히 엎드러졌으므로 그 짐을 구하여 내지 못하고 자기들도 잡혀 갔
느니라
3 야곱의 집이여 이스라엘 집에 남은 모든 자여 내게 들을지어다 배에서 태어남으로부터 내게 안겼
고 태에서 남으로부터 내게 업힌 너희여
4 너희가 노년에 이르기까지 내가 그리하겠고 백발이 되기까지 내가 너희를 품을 것이라 내가 지었
은즉 내가 업을 것이요 내가 품고 구하여 내리라

이사야 46장 1-4절

| 천상병 시인의 작품 중에 '귀천(歸天)'이라는 유명한 시가 있습니다. 여러분은 삶의 마지막 순간에 어떤 고백을 남기고 싶으신가요? 여러분 각자가 시인이 되어 이 시의 마지막 구절을 멋지게 완성해 주시기 바랍니다. 그리고 옆에 있는 분들과 나의 마지막 문장에 대해서 이야기를 나누어보세요.

출처: 국민일보, 이지현의 기독문학기행, 천상병 귀천(歸天) 공원

나 하늘로 돌아가리라.
새벽빛 와 닿으면 스러지는
이슬 더불어 손에 손을 잡고,
나 하늘로 돌아가리라.
노을빛 함께 단 둘이서
기슭에서 놀다가 구름 손짓하며는
나 하늘로 돌아가리라.
아름다운 이 세상 소풍 끝내는 날,
가서, ______________________
라고 말하리라…"

1. 시니어의 과거와 현재, 그리고 미래

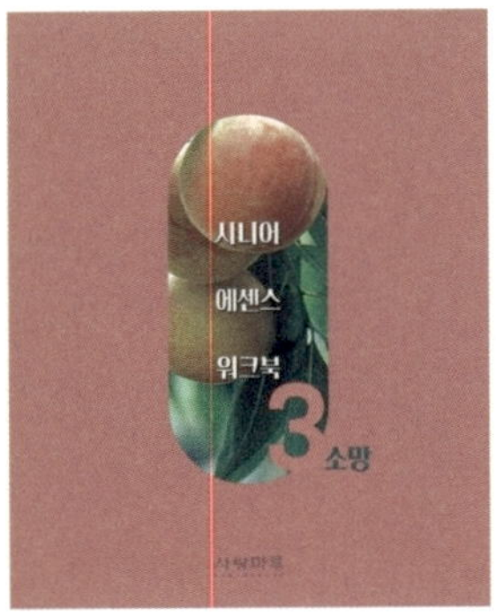

미래라는 단어를 대할 때 사람들이 흔히 떠올리는 생각은 바로 ________ 입니다. 하지만 하나님의 '섭리'와 '함께 하심'을 믿는 우리는 미래를 전혀 다른 의미로 받아들일 수 있습니다. 그것이 바로 '소망'입니다.

2. 소망: 미래를 대하는 시니어의 키워드

아래의 표는 죽음에 대한 계획을 세우고 있는지를 묻는 설문조사 결과입니다.

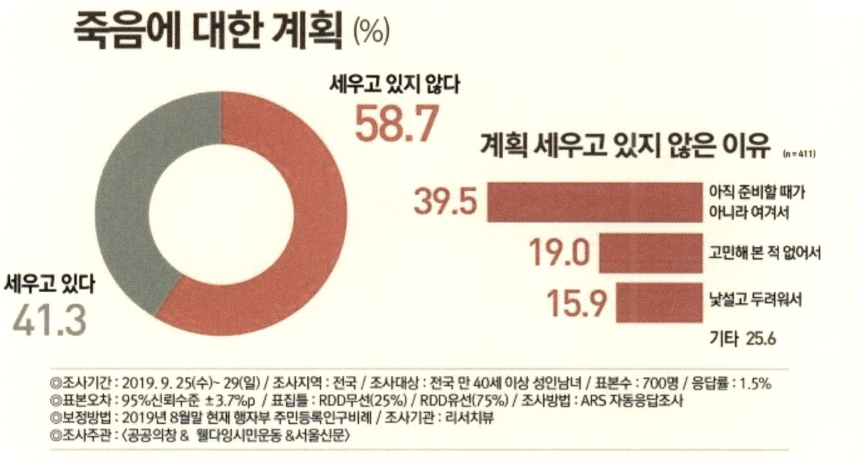

출처: 서울신문, www.seoul.co.kr/news

Q. 여러분은 자신의 죽음에 대한 계획을 세워 두셨습니까?

세우고 있다 (　　　　　) 세우고 있지 않다 (　　　　　)

아래의 표를 보면 '죽음을 준비하고 있다.'고 응답한 이들 중에서도 대부분은 수의나 묘지, 상조회 가입 등과 같이 '장례준비'를 곧 죽음준비로 연결 지어 말하고 있다는 점을 확인할 수 있습니다.

[그림] 노인의 죽음 준비 실태 (항목별 준비율, %)

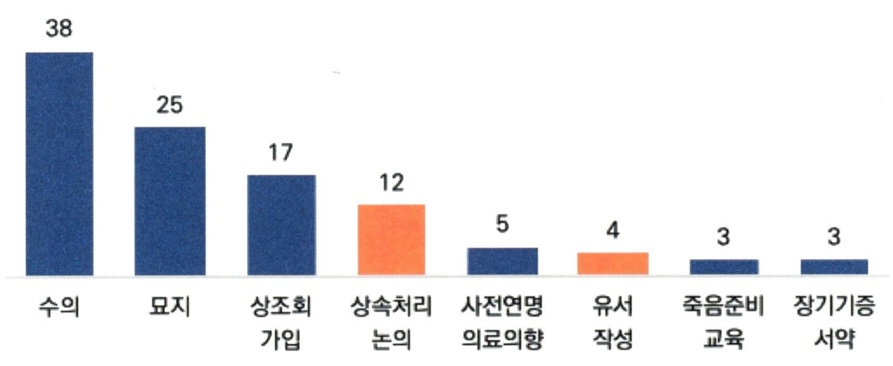

*자료 출처 : 보건복지부 '2020 노인실태조사', 2020.11. (전국 만 65세 이상 10,097명) 출처: 사례뉴스, https://www.casenews.co.kr/

Q. '죽음에 대한 준비'를 해야 한다고 할 때 가장 먼저 떠오르는 것들은 무엇입니까?

3. 시니어 에센스 워크북 3권 '소망'과정을 안내합니다.

차수	강좌명
내용	
01	또 만났네요
커리큘럼 인지 게임을 통해 시니어 에센스 워크북 '소망'과정에 대한 동기를 가집니다.	
02	소망과 준비
시니어의 삶에도 아직 꿈꾸고 있는 것이 있는가? 고민에 잠식되지 말고 소망을 가지고 미래를 준비하는 시니어의 삶에 관해 생각해 봅니다.	
03	우리의 궁극적인 소망
모든 성도의 궁극적인 소망이 되는 천국에 관해 배우고, 복음의 확신을 확인하는 과정을 통해 본질적인 소망이 내게 있는지를 점검하는 시간을 가집니다.	
04	메멘토 모리
메멘토 모리, 누구에게나 이르는 죽음을 기억하고, 일반적으로 부정적인 죽음에 관한 인식을 넘어서, 성경이 말하는 죽음, 죽음을 소망으로 바꾼 사람들의 이야기를 통해 죽음에 관한 인식을 전환합니다.	
05	천국 소망을 찾아서
우리 교회와 가까운 순교지 혹은 교단 순교지를 방문하여 천국 소망을 가지고 살았던 사람들의 발자취를 따라가 봅니다.	
06	호사유피 인사유명
나의 죽음 이후에 무엇을 남길 것인가? 잘 살아간 사람으로서 남길 수 있는 유산과 기부에 관한 이야기를 배우며, 내가 남기는 것이 미칠 영향을 생각해 봅니다.	
07	믿음의 유산
그리스도인으로서 나의 자녀와 믿음의 다음세대에게 남길 영적유산이 있음을 알고, 준비하는 시간을 가집니다.	
08	나의 존엄한 죽음을 위하여
유언장, 사전연명의료의향서, 장기기증 등 자신의 사후를 위한 실제적인 준비에 관한 정보와 절차 등을 자세히 알아봅니다.	
09	나를 기억해 줘요 !
자신의 사후에 자녀와 자신을 아는 이들이 꼭 기억해 주었으면 하는 '나'에 관한 기록을 남기고, 나의 장례식을 계획해 봅니다.	
10	끝이 아닌 영원으로
'소망'과정에서 준비한 신앙의 유산을 다음세대를 위해 기증하고, 시니어 에센스 워크북 '감사'–'소명'–'소망'의 세 과정을 무사히 수료하게 됨을 감사하는 예배를 드리며 기념합니다.	

'소망 여행'을 위한 여행가방 챙기기

우리는 여행할 때 많은 준비를 합니다. 그러한 준비 가운데에는 여행가방을 꾸리는 것도 포함이 됩니다. 여행가방을 준비하는 과정도 여행의 일부입니다. 즐겁고 편안한 여행을 위해서 어떤 것들이 필요한지, 또 어떤 것들은 가져갈 필요가 없거나 가지고 나갈 수 없는 것들인지를 알아보기도 합니다.

이 시간에는 시니어들의 미래를 향한 '소망 여행'을 떠나기 위해서 작은 여행가방 만들기 활동을 해보겠습니다. 활동지를 가지고 예쁜 나만의 여행가방을 만들어 보세요.

준비물

여행가방 활동지(활동자료 p.59), 필기도구

이렇게 참여해요!

1. 활동자료의 '여행가방 활동지' 도안을 뜹습니다.
2. 앞면에 있는 네임택(이름표) 자리에 자신의 이름을 적습니다.
3. 뒷면에 있는 여행가방 안쪽 면에 마련된 여행준비물 칸에 '미래를 위해서 내가 준비해야 할 것'을 적어 보세요. 아래에 있는 가능한 물품과 불가능한 물품을 참고하세요.

X 반입불가

돈, 땅, 집, 자동차, 휴대폰, 카메라, 명예, 욕심, 불만, 의심, 후회, 불안함, 미움, 미련 등

O 반입허용

천국소망, 믿음의 유산, 성경책, 장기기증, 유언장, 상속과 증여계획, 자녀들과의 대화, 온 가족여행, 사전연명의료의향서, 기부–사회환원, 장례식 계획, 수의, 영정사진, 가족사진 등

4. 각자 완성한 여행가방을 들고 개인 사진을 찍어보세요. 총 2장(앞면과 뒷면을 각각 1장씩)을 찍어주시기 바랍니다.
5. 완성된 여행가방이나 촬영한 사진을 가지고 가족들과 함께 이야기를 나누어보세요.

태어나서 지금까지 몇 번의 '오늘'을 살아오셨나요? 아마도 적게는 20,000일부터, 많게는 30,000일이 훌쩍 넘는 하루하루를 살아오신 분도 계실 것입니다. 그렇다면 여러분의 미래에는 몇 번의 '오늘'이 남아있을까요? 그것은 아무도 알 수 없습니다. 인간의 삶을 주관하시는 분은 오직 하나님 한 분뿐이십니다. 나이가 든다는 것은 단순히 세월이 흘러가는 것 이상의 의미를 가집니다. 하나님께서 우리에게 허락하신 생애 속에는 지나간 삶에 대한 '감사'와 새로운 '소명', 그리고 아름답고 굳건한 '소망'이 반드시 필요합니다. 앞서 배운 두 과정과 같이 이제 우리가 함께 배워나갈 이 소망의 과정이 이 자리에 있는 모든 시니어들에게 큰 위로와 힘이 될 것이라 확신합니다. 그런 의미에서 다함께 큰 소리로 '화이팅!'을 외쳐봅시다! 하나, 둘, 셋~ 화이팅!!

***이번 한 주간, 참여하는 시니어에서 만든 소망 여행가방에 대해서 가족들과 이야기를 나누어 봅시다.**

| 함께 찬양해요!

1. 아무것도 두려워말라
2. 저 높은 곳을 향하여(찬송가 491장)

| 함께 기도해요!

1. 믿음의 결단과 소망의 눈으로 미래를 내다보는 삶을 살아가게 하소서.
2. 이번 과정을 마칠 때까지 함께하게 될 시니어들과 모든 스태프들을 인도하소서.

다음주 과제

03

우리의 궁극적인 소망

말씀의 시니어

9 이 일 후에 내가 보니 각 나라와 족속과 백성과 방언에서 아무도 능히 셀 수 없는 큰 무리가
나와 흰 옷을 입고 손에 종려 가지를 들고 보좌 앞과 어린 양 앞에 서서
10 큰 소리로 외쳐 이르되 구원하심이 보좌에 앉으신 우리 하나님과 어린 양에게 있도다 하니
11 모든 천사가 보좌와 장로들과 네 생물의 주위에 서 있다가 보좌 앞에 엎드려 얼굴을 대고
하나님께 경배하여
12 이르되 아멘 찬송과 영광과 지혜와 감사와 존귀와 권능과 힘이 우리 하나님께 세세토록 있
을지어다 아멘 하더라
요한계시록 7장 9-12절

| 아래의 복음성가를 함께 불러 보며, 찬양의 가사를 깊이 생각해 봅시다.

이 세상은 내 집 아니네

1. 천국은 어떤 곳일까요?

- 영생을 살게 됩니다.
- 참된 안식을 누리게 됩니다.
- 슬픔과 눈물이 없습니다.
- 천사들과 함께 찬양을 드리게 됩니다.
- 최고의 영광을 누리게 됩니다.

2. **복음으로만 천국에 갈 수 있습니다.**

- 천국(황금색)

- 하나님나라
- 정금(계 21:18), 황금, 아름다운 보석, 진주문(계 21:19-21)
- 슬픔, 걱정, 아픔, ____________________이 없는 곳(계 21:4)
- 하나님이 우리를 위해 준비하신 곳(요 14:2)

- 죄(검정색)

- 모든 사람이 죄를 지음(롬 3:23)
- 죄는 하나님이 싫어하시는 __________ , __________ , __________
- 하나님은 거룩하신 분이셔서 죄인들이 하나님께 갈 수 없음

- 예수님의 죽으심과 부활(빨강색)

- 죄인인 우리가 하나님나라에 갈 수 있는 유일한 방법은?
- 예수의 ____________가 죄를 씻으심(요일 1:7)
- 예수님이 나의 ________를 용서하기 위해 죽으시고 부활하심을 믿음

● 예수님을 영접(요 1:12)(흰색)

– 예수님을 믿고 마음에 모시면(__________ 하면) 죄 사함을 받게 됨
– 그리스도를 마음에 모시는 영접기도

● 믿음의 성장(초록색)

– 구원받은 후에는 성장해야 합니다(벧후 3:18).
– 믿음의 성장을 위해 성경을 읽고(시 119:11), 기도하며(살전 5:17), 예배하고(히 10:25), 전도하기(막 16:15)

3. 천국 소망을 위한 구원에 관한 확신과 고백

"네가 만일 네 입으로 예수를 주로 시인하며 또 하나님께서 그를 죽은 자 가운데서 살리신 것을 네 마음에 믿으면 구원을 받으리라(로마서 10장 9절)"

"사람이 마음으로 믿어 의에 이르고 입으로 시인하여 구원에 이르느니라(로마서 10장 10절)"

4. 천국의 소망으로 증인의 삶을 살아가기

복음팔찌 만들기

준비물

복음팔찌 팔찌 끈, 구슬(노란색, 검정색, 빨강색, 흰색, 초록색) 색깔별로 한 개씩

이렇게 참여해요!

1. 준비한 복음팔찌 세트(끈과 노란색, 검정색, 빨강색, 흰색, 초록색 구슬)를 확인합니다.
2. 각 색깔별 구슬이 의미하는 색깔별 설명을 듣거나 말해보며 구슬을 하나씩 끼웁니다.
3. 완성된 복음팔찌를 보며 색깔에 담긴 의미를 설명하는 연습을 합니다. 소그룹 시니어분과 함께 전도자와 피전도자가 되어 복음을 설명해 봅니다.
4. 완성된 복음팔찌를 갖고 나아가 복음을 전하며 증인된 삶을 살기로 결단합니다.

복음팔찌 예시

그러므로 너희는 가서 모든 민족을 제자로 삼아
아버지와 아들과 성령의 이름으로 세례를 베풀고
내가 너희에게 분부한 모든 것을 가르쳐 지키게 하라
볼지어다 내가 세상 끝날까지 너희와 항상 함께 있으리라 하시니라
(마태복음 28장 19-20절)

천국 소망을 실천하는 하루하루의 한 줄 소망일기 & 한 줄 기도문입니다. 매일 한 줄씩 작성해 봅시다.

한 줄 소망일기 & 한 줄 기도문

주일	예) "오늘 교회에서 찬양을 하며 기쁨이 넘쳤습니다.", " 오늘도 사랑하는 나의 주님을 기다립니다."
월	
화	
수	
목	
금	
토	

| 함께 찬양해요!

1. 내 맘에 주여 소망되소서 (찬송가 484장)
2. 나는 순례자 낯선 나라에

| 함께 기도해요!

1. 예수 그리스도를 믿음으로 천국에 소망을 갖고 살게 해주신 하나님께 감사합니다.
2. 하늘에 소망을 두며 이 땅에서 소망의 하루하루를 살아가게 하소서.
3. 매일매일 천국의 소망으로 복음을 전하는 증인의 삶을 살게 하소서.

다음주 과제

04

메멘토 모리

말씀의 시니어

1 좋은 이름이 좋은 기름보다 낫고 죽는 날이 출생하는 날보다 나으며
2 초상집에 가는 것이 잔칫집에 가는 것보다 나으니 모든 사람의 끝이 이와 같이 됨이라
산 자는 이것을 그의 마음에 둘지어다
3 슬픔이 웃음보다 나음은 얼굴에 근심하는 것이 마음에 유익하기 때문이니라
4 지혜자의 마음은 초상집에 있으되 우매한 자의 마음은 혼인집에 있느니라

전도서 7장 1–4절

| 죽음에 대해 얼마나 자주 생각하고 있습니까? 해당 되는 칸에 V표 하시고 그 이유를 메모해 보십시오. 그리고 함께 나눠보세요.

전혀 생각하지 않는다.	가끔 생각한다.	자주 생각한다.	늘 생각한다.	기타의견 *아래에 적어보세요

| 이유

1. 메멘토 모리

Memento moriendum esse.
그대는 죽어야만 한다는 사실을 명심하라!
Memento te hominem te esse.
그대는 인간이라는 사실을 명심하라!
Respice post te, hominem te esse memento.
뒤를 보라, 지금은 여기 있지만 그대 역시 인간에 지나지 않는다는 사실을 기억하라!

2. 노년기 죽음에 대한 이해

● 죽음의 5단계_엘리자베스 퀴블러 로스(Elizabeth Kubler Ross)

1단계 "아니겠지, 그럴 리 없어."(________과 ________의 단계와 대응)

"난 아닙니다. 내가 그럴 리가 없습니다."라는 강한 부정입니다. 때론 이러한 부정의 과정에서 스스로를 고립시키게 됩니다. 이때의 부정은 일시적인 방어 수단으로 시간이 지나면 거부를 긍정적으로 받아들이게 되어 인정하고 수용하는 마음이 열리게 됩니다.

2단계 "왜 하필 나야?" (________의 단계와 대응)

대부분 사실을 인정하면서도 새로운 반응으로 "나는 불가피하게 죽게 되었는데 왜 다른 사람들은 건강하게 살아남느냐!" 분노를 느끼게 됩니다. "왜! 하필이면 내가?"라는 원망과 분노의 단계입니다.

3단계 " ~까지만 살려주시면, ~하겠습니다."(________의 단계와 대응)

분노의 모습이 자신에게 아무런 도움이 되지 않고, 죽음을 피할 수 없다는 것을 인식합니다. 그래서 자신에게 아직 해야 할 일이 남아있고, 그 일이 끝날 때까지만 살 수 있게 해달라고 타협하게 됩니다. 자기 죽음에 대해 절대자와 타협하기를 원하는 모습입니다.

4단계 "어쩔 수 없다."(________의 단계와 대응)

현실적으로 죽음을 부정할 수 없게 되면 "어쩔 수 없다."와 같은 반응을 보이게 됩니다. 이 시기에는 과거의 상실, 이루지 못한 일들, 지금까지 잘못한 일들에 대해 슬퍼하는 시기입니다. 더 쇠약해지고 상실감을 겪게 되므로 더 이상 희망이 없다는 것에 반응하며 우울증에 빠지게 되는 단계입니다.

5단계 "죽음도 괜찮을 거야."(________의 단계와 대응)

분노와 우울은 다 사라지고 자신에게 죽음이 오는 것을 어느 정도 차분히 기다리는 상태가 됩니다. 평화로운 상태로 자신과 타인을 용서하는 마음으로 죽음을 맞이하게 됩니다. 죽음의 결과를 부정적으로 생각하지 않고, 긍정적으로 생각하게 됩니다.

3. 죽음에 대한 두려움의 인식을 신앙 안에서 이기기

● 사후세계에 대한 두려움

사후 세계가 두렵다면? ⇨ __________에 대한 믿음을 가지세요.

● 선 또는 악한 삶의 결과로 인한 두려움

선 또는 악한 삶의 결과로 인한 두려움이 있다면?

⇨ 하나님의 __________과 __________를 이해하세요.

● 몸과 영혼의 허약함에 따른 영적인 갈등

연약하여 영적인 갈등이 일어날 때

⇨ 하나님과의 ____________안에서 평안과 온전함을 이루세요.

4. 죽음에 대한 두려움을 소망으로 극복한 사례

● 문준경 전도사의 삶과 순교(1891-1950)

문준경 전도사님은 칠흑같이 어두운 중동리 앞 백사장 앞에서 하나님께 "아버지여 저들에게 죄를 묻지 마시고, 죄 많은 내 영혼을 받으소서."라고 마지막 기도를 남깁니다. 전도사님은 죽음 앞에 끝까지 물러서지 않았습니다. 천국을 소망하고 끝까지 자신의 영혼을 주님의 손에 의탁하여 59세의 일기로 순교합니다. 이 땅에서 죽음을 당했지만, 전도사님은 죽음을 천국의 소망으로 바꾼 삶을 산 것입니다.

나도 한 줄 명언 만들기

삶과 죽음에 관한 한 줄 명언을 작성하여 교회에 전시합니다. 크리스천 시니어로 우리는 삶과 죽음에 관해 어떤 명언을 남길 수 있을까요?

준비물

필기도구(붓펜, 사인펜, 매직 등), 명언 전시 용지(엽서 크기 두꺼운 용지)

이렇게 참여해요!

1. 인도자가 소개하는 삶과 죽음에 관련된 명언들을 듣습니다.
2. 강의 시 들었던 삶과 죽음에 대한 바른 태도를 기억하며, 죽음에 대한 한 줄 명언을 구상합니다.
3. 삶과 죽음에 대한 자세와 태도를 표현할 한 줄 명언을 아래 공간에 작성합니다.
4. 교회에서 전시할 수 있도록 별도로 준비된 명언 전시 용지에 한 줄 명언을 깨끗하게 작성합니다.
5. 명언을 베껴 쓴 후, 명언 전시 용지를 서로 돌려보며 죽음에 대한 바른 자세와 태도를 공유합니다.
6. 가정에서 워크북에 적은 명언들을 보며 죽음에 대해 긍정적으로 생각하며 살기로 결단합니다.

나도 한 줄 명언!

우리는 오늘 강의를 통해 우리에게 다가오는 죽음을 어떻게 받아들여야 할지 그 생각과 태도가 얼마나 중요한지를 배웠습니다. 소망이 있는 시니어로 살기 위해서 죽음을 소망으로 바꾼 문준경 전도사님의 삶에 대해서도 나눴습니다. 또한 '나도 한 줄 명언 만들기'를 통해 우리도 소망의 삶을 살기를 결단하였습니다. 이제 가정에서도 우리가 작성한 명언들을 보면서 죽음에 대해 부정적인 생각이 아닌 믿음과 소망으로 준비된 삶을 사시기를 축복합니다.

오늘 가장 인상 깊었거나 마음에 들었던 '나도 한 줄 명언!'을 아래에 적고 한 주간 여러 번 읽고 오세요.

| 함께 찬양해요!

1. 이 몸의 소망 무언가(찬송가 488장)
2. 어두움 후에 빛이오며(찬송가 487장)

| 함께 기도해요!

1. 죽음을 두려워하지 않고 소망으로 바꿀 수 있는 믿음을 주셔서 감사합니다.
2. 죽음을 기억하는 삶, 거룩한 삶, 소망의 삶을 살아가게 하소서.
3. 두려움과 불안을 버리고, 평안과 소망으로 한 주도 승리하게 하소서.

다음주 과제

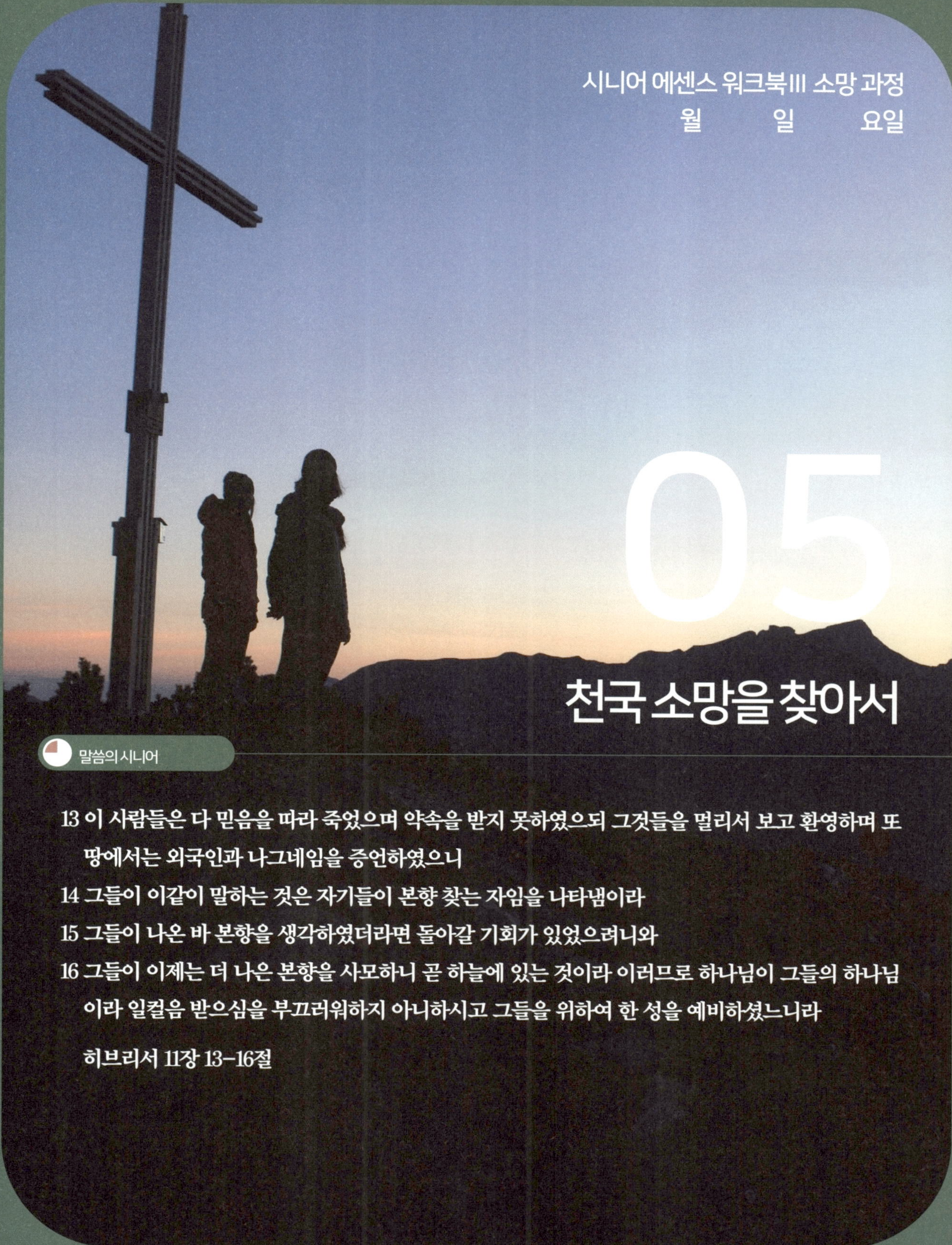

05

천국 소망을 찾아서

말씀의 시니어

13 이 사람들은 다 믿음을 따라 죽었으며 약속을 받지 못하였으되 그것들을 멀리서 보고 환영하며 또
땅에서는 외국인과 나그네임을 증언하였으니
14 그들이 이같이 말하는 것은 자기들이 본향 찾는 자임을 나타냄이라
15 그들이 나온 바 본향을 생각하였더라면 돌아갈 기회가 있었으려니와
16 그들이 이제는 더 나은 본향을 사모하니 곧 하늘에 있는 것이라 이러므로 하나님이 그들의 하나님
이라 일컬음 받으심을 부끄러워하지 아니하시고 그들을 위하여 한 성을 예비하셨느니라

히브리서 11장 13-16절

지혜로운 시니어

이번 시간에는 순교지를 탐방합니다. 순교지 탐방을 하기에 앞서 생각해 보세요.

1. 순교자들이 어려운 상황에서도 믿음을 지켰던 이유는 무엇일까요?
2. 순교자들이 믿음을 지키기 위해 희생한 것처럼, 나는 오늘 하나님께 무엇을 드릴 수 있을까요?
3. 순교자들의 믿음을 기억하며 내가 교회 안에서 감당할 수 있는 작은 역할은 무엇일까요?

참여하는 시니어

순교지 방문을 통해 느꼈던 마음을 그림일기로 표현하는 시간을 가지고자 합니다. 그림을 잘 그리지 못해도 괜찮아요. 중요한 것은 이번 방문을 통해 느낀 소중한 감정들을 자신만의 방식으로 표현하는 것입니다. 활동자료(p.61)에 그림을 그립니다. 그림을 다 그렸다면 그림 아래에 이번 방문에서 느낀 소감을 짧게 한두 문장으로 써보세요. "하나님께 더 가까이 가고 싶어요.", "순교자들의 믿음을 본받고 싶습니다."처럼 간단하게 적어도 좋습니다. 완성된 그림일기를 다음 주 활동 시까지 가져오시면 됩니다.

● **그림일기를 작성할 때 생각해 볼 쉬운 질문**

1. 이번 순교지 방문에서 가장 마음에 남은 장면은 무엇인가요?
2. 순교자들의 이야기를 들었을 때 어떤 느낌이 들었나요?
3. 하나님께 드리고 싶은 마음이나 기도하고 싶은 것이 있나요?
4. 이번 방문이 내 신앙에 어떤 영향을 주었나요?

성결한 시니어

| 함께 찬양해요!

1. 태산을 넘어 험곡에 가도(찬송가 455장)
2. 주님 다시 오실 때까지

| 함께 기도해요!

1. 순교자들이 보여준 믿음을 본받아, 우리의 삶 속에서 신앙을 지켜가게 하소서.
2. 순교자들이 믿음을 전수했듯이 우리도 후손들에게 살아있는 신앙과 하나님의 말씀을 전할 수 있도록 은혜를 더하여 주소서.
3. 삶의 고난 속에서도 하나님의 나라를 기대하는 마음을 가질 수 있도록 도와주소서.

다음주 과제 그림일기 완성하기

06

호사유피 인사유명

말씀의 시니어

19 다윗이 이르되 여호와의 손이 내게 임하여 이 모든 일의 설계를 그려 나에게 알려 주셨느니라
20 또 그의 아들 솔로몬에게 이르되 너는 강하고 담대하게 이 일을 행하라 두려워하지 말며 놀라
지 말라 네가 여호와의 성전 공사의 모든 일을 마치기까지 여호와 하나님 나의 하나님이 너와
함께 계시사 네게서 떠나지 아니하시고 너를 버리지 아니하시리라
21 제사장과 레위 사람의 반이 있으니 하나님의 성전의 모든 공사를 도울 것이요 또 모든 공사에
유능한 기술자가 기쁜 마음으로 너와 함께 할 것이요 또 모든 지휘관과 백성이 온전히 네 명령
아래에 있으리라

역대상 28장 19–21절

| '호사유피 인사유명(虎死留皮 人死留名)'의 의미는 무엇입니까?

| '당신이 소천했을 때 가까운 사람들(가족, 친구, 교우, 동료 등)에게 어떤 사람으로 기억되고 싶습니까?

1. 호사유피 인사유명(虎死留皮 人死留名)?

2. 잘 남긴 사람들의 이야기

● 앤드루 카네기(Andrew Carnegie)

● 가수 하춘화

3. 유산과 기부의 가치

● _________ (遺産, inheritance)은 작게는 죽은 사람이 남겨 놓은 재산을 뜻하며, 크게는 앞 세대가 물려준 사물 또는 문화를 일컫기도 합니다.

● _________(寄附, donation)는 자선 사업이나 공공사업을 돕기 위하여 돈이나 물건 등을 대가 없이 내놓는 것으로 우리나라에서도 기부율이 점점 높아지고 있습니다.

1) 왜 남겨야 하나요?

– ________________로서의 삶의 표현입니다.

– ________________의 표현입니다.

– 타인을 위한 지원과 사랑입니다.

2) 언제 남길 수 있나요?

3) 무엇을 남기나요?

4) 누구에게 남길 수 있나요?

– 가족(배우자, 자녀, 친지 등)

– 소속 공동체(교회, 학교, 지역, 회사 등)

– 돕고 싶은 특정인(불우이웃, 학생, 선교사 등)

– 불특정 다수(봉사단체 등을 통한 기부)

5) 어떻게 남길 수 있을까요?

– ________적 기부(현금과 부동산)

– 기부단체, 해외결연 기부

– ________기부(시간, 재능, 목소리 등 무형의 유산)

– 모바일 기부 어플(걷기 등을 통한 각종 포인트 기부)

– 착한 소비, 물건 구매 기부

– ____________________

4. 나는 무엇을 남길까?–"호사유피 성도무명(虎死留皮 聖徒無名)"

나의 인생 유산 기록부

내가 하고 싶은 기부와 내가 할 수 있는 기부엔 무엇이 있을까 생각해 보고 체크해 봅시다.

이렇게 참여해요!

1. 들었던 강의 내용을 기억하며 내가 하고 싶은 기부 또는 내가 할 수 있는 기부에는 무엇이 있을지 생각해 봅니다.
2. 내가 하고 싶은 기부와 내가 할 수 있는 기부에 대한 생각을 아래 표를 보며 정리해 보고 V표로 체크해 봅니다.
3. 체크한 것을 서로 나누며 이야기합니다.
4. 체크한 내용을 토대로 실천하기로 결단하며 기부한 유산이 선한 열매를 거두게 되도록 기도합니다.

내가 하고 싶은 기부

- ☐ 소년, 소녀 가장, 결식아동 돕기
- ☐ 싱글맘, 싱글파(미혼모, 미혼부) 돕기
- ☐ 난치병, 장애를 가진 환우 돕기
- ☐ 장학생을 선정하여 돕기
- ☐ 독거노인, 치매 어르신 돕기
- ☐ 전쟁 고아, 기아로 힘든 난민 돕기
- ☐ 기후와 환경을 위한 기부
- ☐ ____________________

내가 할 수 있는 기부

- ☐ 재능을 통한 기부
- ☐ 가진 재산을 통한 기부
- ☐ 생명 기부(헌혈, 장기기증, 모발 등)
- ☐ 따듯한 말과 마음을 나누는 기부
- ☐ 시간을 나누는 기부
- ☐ 정기적인 기부(헌금, 단체기부금)
- ☐ 기도를 통한 기부
- ☐ ____________________

그리스도인인 우리는 나의 이름이 아닌 하나님의 이름이 높아지고, 전해지길 바라는 마음으로 살아야 합니다. 그래서 우리는 '인사유명' 대신 '성도무명'의 삶으로 이름을 남기는 것을 추구해야 합니다. 그에 대한 구체적인 삶의 방향으로서 그리스도인인 우리는 이 세상에서 하나님의 청지기적 사명을 가지고 내게 주신 재산과 모든 관계를 잘 관리할 의무가 있습니다. 또한 가진 것을 내 마음대로 남기지 않고, 하나님이 원하시는 방향으로 남겨야 합니다. 하나님께서 맡기신 것을 필요한 곳에 흘려보낼 수 있도록 의미 있게 기부할 수 있기를 바랍니다. 기부가 재물만이 아니라 시간, 재능 등도 포함되는 것을 기억하여 내가 할 수 있는 기부, 하고 싶은 기부에 마음을 담아 실천합니다.

다음 시간까지 내가 하고 싶은 기부와 내가 할 수 있는 기부 중 체크한 내용에서 한 가지 이상 실천해 봅시다.
예) 해외아동결연기관에 연락을 취하여 정기기부를 하기로 약속하는 것 등

내가 선택한 기부 내용	실천 유무

| 함께 찬양해요!

1. 그 크신 하나님의 사랑(찬송가 304장)
2. 나의 모습 나의 소유

| 함께 기도해요!

1. 청지기적 사명감으로 지켜온 몸과 소유를 올바르게 흘려보낼 수 있는 믿음을 주소서.
2. 세상의 어려운 곳에 도움의 손길이 닿아 회복되는 은혜가 임하게 하소서.
3. 시니어반에 함께 하는 동역자들과 스태프들이 하나님의 사랑으로 힘을 얻고 이 과정을 잘 감당하게 하소서.

다음주 과제

07

믿음의 유산

말씀의 시니어

1 야곱이 그 아들들을 불러 이르되 너희는 모이라 너희가 후일에 당할 일을 내가
너희에게 이르리라
2 너희는 모여 들으라 야곱의 아들들아 너희 아버지 이스라엘에게 들을지어다

28 이들은 이스라엘의 열두 지파라 이와 같이 그들의 아버지가 그들에게 말하고
그들에게 축복하였으니 곧 그들 각 사람의 분량대로 축복하였더라

창세기 49장 1-2, 28절

| 자녀나 손주들에게 전하고 싶은 하나님에 대한 이야기는 무엇인가요?

| 자녀나 손주들에게 내가 보여주는 신앙의 모습은 어떤 것일까요?

1. 나의 사랑하는 책

나의 사랑하는 책 비록 헤어졌으나 어머님의 무릎 위에 앉아서
재미있게 듣던 말 그때 일을 지금도 내가 잊지 않고 기억합니다.
귀하고 귀하다 우리 어머니가 들려주시던
재미있게 듣던 말 이 책 중에 있으니 이 성경 심히 사랑합니다.

〈찬송가 199장, 나의 사랑하는 책〉

Milan B. Williams (1860-1941)

Charles Tillman (1861-1943)

2. 네 자녀에게 부지런히 가르치며

4 이스라엘아 들으라 우리 하나님 여호와는 오직 유일한 여호와이시니
5 너는 마음을 다하고 뜻을 다하고 힘을 다하여 네 하나님 여호와를 사랑하라
6 오늘 내가 네게 명하는 이 말씀을 너는 마음에 새기고
7 네 자녀에게 부지런히 가르치며 집에 앉았을 때에든지 길을 갈 때에든지
누워 있을 때에든지 일어날 때에든지 이 말씀을 강론할 것이며
8 너는 또 그것을 네 손목에 매어 기호를 삼으며 네 미간에 붙여 표로 삼고
9 또 네 집 문설주와 바깥 문에 기록할지니라 신명기 6장 4–9절

● '쉐마'는 유대인들이 매일 암송하며 하나님을 사랑하고 그분의 말씀을 자녀들에게 가르치는 책임을 강조한 기도문입니다. 모세는 이스라엘 백성에게 약속의 땅에 들어가기에 앞서, 하나님과의 언약을 잊지 말고 자녀들에게 하나님의 말씀을 부지런히 가르치라고 권면했습니다.

그 세대의 사람도 다 그 조상들에게로 돌아갔고 그 후에 일어난 다른 세대는 여호와를 알지 못하며 여호와께서 이스라엘을 위하여 행하신 일도 알지 못하였더라

사사기 2장 10절

● 신앙을 전수하지 못하면 하나님과의 친밀한 관계를 맺지 못한 세대가 됩니다. '여호와를 알지 못한다'는 것은 단순한 지식 부족이 아니라, 하나님과 살아 있는 관계가 없음을 뜻합니다. 결국 이스라엘은 하나님을 떠나 우상을 섬기고, 고통 속에서 하나님을 부르짖는 악순환을 겪었습니다. 신앙 전수의 실패는 이러한 비극을 초래합니다.

3. 믿음의 가정과 그렇지 못한 가정

● 앨버트 윈쉽은 맥스 주크 가문의 신앙 부재와 조너선 에드워즈 가문의 신앙 전수를 비교 연구하며, 신앙 전수가 세대와 사회에 큰 영향을 미친다는 것을 보여줬습니다. 주크 가문은 빈곤과 범죄로 이어졌지만, 에드워즈 가문은 학문적, 신앙적 성취를 이루며 사회에 긍정적인 영향을 끼쳤습니다. 신앙 전수는 가정과 공동체의 번영에 필수적입니다.

4. 신앙 전수의 비법

● ____

신앙은 하나님을 마음 깊이 사랑하는 데서 나옵니다. 하나님을 온전히 사랑하며 말씀에 순종할 때, 우리의 삶은 모순 없이 진실해지고 후손들에게 본이 됩니다. 하나님과 함께 시간을 보내고 예배와 기도를 우선시하는 모습을 자녀들이 볼 때, 그들도 하나님과의 관계의 중요성을 배우게 됩니다. 예배를 삶의 최우선으로 삼아 하나님을 닮아가는 삶을 살아가십시오.

● ____

말씀을 단순히 가르치는 데 그치지 않고, 일상의 모든 순간에 실제로 적용하며 살아가도록 가르쳐야 합니다. 이는 학문적 지식이 아닌 삶의 실천을 통해 말씀 중심의 가치관을 보여주는 것입니다. 예수님의 사랑을 실천하며, 용서와 화해의 모습을 보이고, 돈과 시간 등 삶의 모든 영역에서 말씀의 원칙을 적용하는 모습을 자녀들에게 보여주는 것이 중요합니다.

● ____

신앙은 하나님을 체험한 개인적인 경험을 솔직하게 나누는 데서 생생하게 전달됩니다. 하나님께서 삶 속에서 어떻게 역사하셨는지, 실패와 회복의 과정을 일상의 언어로 나눌 때 다음세대는 신앙을 실제로 느끼게 됩니다. 또한 기도와 감사로 하나님께 의지하는 모습을 자녀들에게 보여주면, 그들은 신앙이 삶의 자연스러운 일부임을 배우게 됩니다.

믿음의 유산 남기기

준비물 휴대폰(녹음기능)

믿음의 유산을 남기는 것은 시니어가 반드시 해야 할 일입니다. 다양한 방법으로 우리의 신앙을 남길 수 있습니다. 오늘은 자녀에게 전하고 싶은 하나님의 말씀이나, 내 신앙에 큰 의미를 주었던 하나님의 말씀을 녹음하고자 합니다. 먼저 자녀에게 전하고 싶은 성경 말씀을 찾아보세요. 그리고 그 말씀을 선택한 이유를 이야기해 보세요.

자녀에게 전하고 싶은 성경 말씀

말씀을 선택한 이유

이제 말씀을 녹음하겠습니다. 녹음할 때 말씀을 읽으며 자녀와 후손들에게 간단한 메시지를 남깁니다.

"사랑하는 내 아들/딸에게, 이 말씀을 너의 마음에 새기길 바란다."

1) 성경 말씀 읽기

2) 말씀으로 받은 은혜를 간략하게 전하기

녹음한 말씀을 함께 듣습니다. 녹음할 때 어떠한 마음이 들었는지 느낀 점을 이야기해 보세요.

「참여하는 시니어」에서 녹음한 내용을 다시금 녹음합니다. 지난 활동에서 못다 한 이야기를 담아 말씀을 녹음해 보세요. 더하여 자녀들을 위한 축복기도문을 작성하고 같이 녹음하세요. 녹음한 내용은 주중에 담당 교역자에게 보냅니다.

제 이름은 OOO입니다.
사랑하는 제 아들/딸 OOO에게 이 말씀을 남깁니다.
OOO야, 이 말씀을 너의 마음에 새기길 바란다.

- 자녀에게 남기고 싶은 성경 말씀
- 말씀을 선택한 이유, 자녀에게 남기는 메시지

너와 자녀들을 위해 기도해.

예수님의 이름으로 기도합니다. 아멘.

| 함께 찬양해요!

1. 나의 사랑하는 책(찬송가 199장)
2. 사철에 봄바람 불어 잇고(찬송가 559장)

| 함께 기도해요!

1. 제 삶을 통해 자녀들이 믿음의 본을 배울 수 있도록 도와주소서.
2. 자녀와 손주들에게 하나님의 사랑과 말씀을 잘 전할 수 있는 지혜 주소서.
3. 우리 가족 모두가 하나님의 말씀 안에서 하나 되고, 믿음을 이어가는 가정이 되게 하소서.

다음주 과제 후손을 위한 축복기도문 녹음하여 담당 교역자에게 보내기

08

나의 존엄한 죽음을 위하여

말씀의 시니어

29 그가 그들에게 명하여 이르되 내가 내 조상들에게로 돌아가리니 나를 헷 사람 에브론의 밭에 있는
굴에 우리 선조와 함께 장사하라
30 이 굴은 가나안 땅 마므레 앞 막벨라 밭에 있는 것이라 아브라함이 헷 사람 에브론에게서 밭과 함께
사서 그의 매장지를 삼았으므로
31 아브라함과 그의 아내 사라가 거기 장사되었고 이삭과 그의 아내 리브가도 거기 장사되었으며 나도
레아를 그 곳에 장사하였노라
32 이 밭과 거기 있는 굴은 헷 사람에게서 산 것이니라
33 야곱이 아들에게 명하기를 마치고 그 발을 침상에 모으고 숨을 거두니 그의 백성에게로 돌아갔더라

창세기 49장 29-33절

| 역사적으로 유명했던 사람들이 죽으면서 남긴 마지막 말이나 묘비명 가운데에는 무척 인상 깊은 것들이 있습니다. 그 가운데 몇 가지를 아래에 소개해 보겠습니다. 과연 누구의 유언이나 묘비명인지 알아맞혀 보세요.

이봐 친구들! 박수를 치라고 드디어 이 희극이 막을 내리지 않나

나의 죽음을 적들에게 알리지 마라

우물쭈물 하다가 내 이럴 줄 알았지

다 이루었다

| 여러분이 직접 들었거나 보았던 묘비명, 혹은 유언 중에서 가장 인상 깊었던 것이 있다면 아래의 빈칸에 그 내용을 적어보세요. 만약 떠오르는 것이 없다면 가족이나 지인의 유언 중에서 기억나는 것을 적고 함께 나누어 보세요.

1. 웰다잉(Well-Dying)

더 잘 살기 위해서 죽음을 미리 준비하는 것을 말합니다.

2. 사전연명의료의향서

- 자신이 임종과정에 있는 환자가 되었을 때를 대비하여 자신에게 행해질 연명의료를 시행하지 않거나 중단하기로 하는 결정과 호스피스에 관한 의사를 직접 문서로 작성하는 것입니다.
- 반드시 보건복지부의 지정을 받은 사전연명의료의향서 등록기관을 방문하여 충분한 설명을 듣고 작성해야 합니다.

3. 장기기증

- 불의의 사고나 질병으로 뇌의 기능이 완전히 소실되어 회복될 가능성이 없을 때 장기와 안구 등을 기증하는 것을 말합니다.

4. 교회 안에서의 웰다잉

- 교회 안에서도 웰다잉에 대한 관심은 빠르게 증가하고 있습니다.

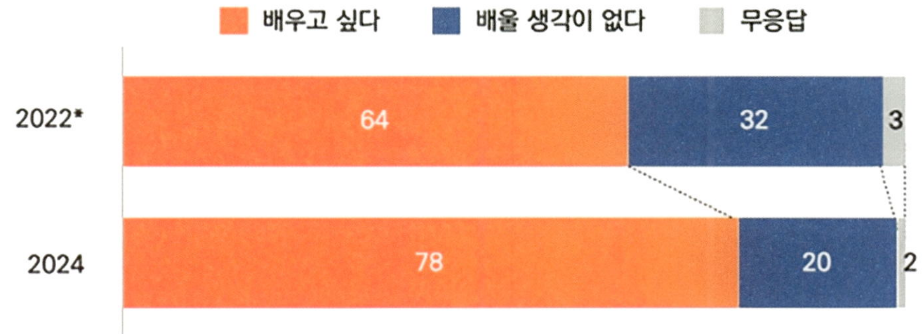

*2022년 : 미래목회와말씀연구원/아드폰테스/목회데이터연구소, '고령 교인의 신앙생활 및 인식조사', (교회의 만 65세 이상 남녀 성도 2,045명, 모바일 조사/ 종이 설문지 자기 기입식 조사 병행, 2022.05.18~06.28.)

출처. 목회데이터연구소

5. 유언장

● 진심을 담은 마지막 편지로, 유언장을 작성할 때는 꼭 이같은 내용을 포함해야 합니다.

- 지금까지 살아온 인생에 대한 소회
- 배우자와 자녀 및 지인들에 대한 감사, 용서, 사랑하는 마음의 표현
- 사고, 심각한 질병 시 대응과 연명치료에 대한 의향
- 남기는 재산에 대한 처분과 분배
- 장례의 방식과 절차
- 그 밖의 특별한 당부

● 유언의 방식과 필요한 증인의 수

유언의 방식	조항	구분	필요한 증인의 수
자필증서	민법 제1066조 1항	유언자가 직접 자필로 유언장을 작성하는 것	필요없음
녹음유언	민법 제1067조	유언자가 유언의 취지, 그 성명과 연월일을 구술하고 이에 참여한 증인이 유언의 정확함과 그 성명을 구술하는 방식의 유언	1명 이상
공정증서에 의한 유언	민법 제1068조	유언자가 증인 2명이 참여한 공증인의 면전에서 유언의 취지를 구수하고 공증인이 이를 필기낭독하여 유언자와 증인이 그 정확함을 승인한 후 각자 서명 또는 기명날인하는 방식의 유언	2명
비밀증서에 의한 유언	민법 제1069조 1항	유언자가 필자의 성명을 기입한 증서를 엄봉날인하고 이를 2명 이상의 증인의 면전에 제출하여 자기의 유언서임을 표시한 후 그 봉서표면에 제출 연월일을 기재하고 유언자와 증인이 각자 서명 또는 기명날인하는 방식	2명 이상
구수증서에 의한 유언	민법 제1070조 1항	질병 기타 급박한 사유로 인하여 다른 방식의 유언이 불가할 경우 2인 이상의 증인의 참여로 그 1인에게 유언의 취지를 구수하고 그 구수를 받은 자가 이를 필기낭독하여 유언자의 증인이 그 정확함을 승인한 후 각자 서명 또는 기명날인하는 방식	2명 이상

출처 : 투데이신문(https://www.ntoday.co.kr)

나의 유언장 작성해 보기

앞서 배운 내용을 바탕으로 자필증서에 의한 유언장을 작성해 봅시다.

준비물

필기도구, A4용지

이렇게 참여해요!

1. 유언장 작성에 앞서 자필증서에 의한 유언장을 작성할 때는 아래와 같은 사항을 주의하여야 합니다.

- 모든 내용을 유언자가 직접 자필로 적어야 합니다. 컴퓨터로 작성하거나 대필을 하면 안 됩니다. 손으로 직접 적어야 하기 때문에 누구나 알아볼 수 있도록 정자체로 써야 합니다.

- 정확한 날짜를 적어야 합니다. (예: 2025년 1월 1일)

- 자신의 이름을 꼭 써야 합니다. 전화번호나 주민등록번호는 필수사항은 아닙니다.

- 이름을 정확히 쓴 후에는 반드시 도장을 찍어야 합니다. 꼭 인감도장일 필요는 없습니다. 또한 도장이 없다면 지장을 찍어도 상관은 없습니다. 그러나 사인은 인정되지 않습니다.

- 주소도 정확하게 기록해야 합니다. 자필 유언을 남길 때 많이 하는 실수 중 하나입니다. 주소는 OO시 OO동까지만 적는 것이 아니라 자택의 동호수까지 상세하게 다 적어야 합니다.

2. 주의사항을 모두 확인하셨다면 아래의 예시문을 참고하셔서 다음 면에 마련된 활동지에 '나의 유언장'에 기록할 내용을 구체적으로 적어보세요.

유 언 장(예시)

나의 삶을 여기까지 인도하신 하나님께 감사하며 나 OOO은/는 다음과 같이 유언한다.

1. 사랑하는 가족 ______________________________ 에게 좋은 아빠(엄마)가 되기 위해서 열심히 일하고 노력하였으나, 혹시라도 말과 행동으로 마음에 상처를 준 일이 있다면 부디 용서해 주기를 바란다.

2. 유언자가 소유하고 있는 부동산(서울특별시 OO구 OO동 OOO번길 OO아파트 OOO동 OOO호)을 OOO에게 준다.

3. 유언자 소유의 OO전자 주식 ____주를 OOO에게 준다.

4. 유언자 명의로 예금된 OO은행 OOO-OOOOO-OOO 계좌의 금______원을 OOOO에 기부(헌금)한다.

5. 만일 유언자가 갑작스러운 사고를 당하거나 질병으로 인해 의식이 없는 상태가 된다면, (미리 작성해 둔 사전연명의료의향서에 따라서) 심폐소생술과 인공호흡기 사용은 하지 말아라.

6. 장례식은 기독교 방식으로 진행하고, 장례식에는 OOO 찬양을 틀어주기 바란다.

7. 장례식을 마친 후에는 화장하여 OOOO에 안치하여 주기 바란다.

8. 추석과 설날에는 온 가족이 모여서 추도예배를 드리고, 맛있는 음식을 먹으면서 나에 대한 이야기를 나누어주기를 바란다.

9. 주일성수하고, 자녀들에게 하나님의 말씀을 부지런히 가르치고, 형제 간에 우애하길 바란다.

작성일자: 20OO년 OO월 OO일

유언자: ______________ (인)

주소: OO시 OO동 OO길 OO아파트

OOO동 OOO호

유언장

1번 이름과 지금까지 살아온 삶에 대한 소감	2번 가족에 대한 감사와 용서를 구하는 말
3번 재산에 대한 처분 1 (배우자를 위해서)	4번 재산에 대한 처분 2 (자녀를 위해서)
5번 재산에 대한 처분 3 (교회를 위한 헌금 및 사회에 대한 기부)	6번 재산에 대한 처분 4 (기타 특별한 처분을 원하는 재산)
7번 장례방식과 장례식을 위한 부탁	8번 가족이나 교회, 지인들에게 남기고 싶은 부탁

작성일자: ______________

유언자: ______________ (인)

주소: ______________

____

지금까지 우리는 이 땅에서의 마지막 메시지가 될 소중한 유언에 대해서 배웠습니다. 오늘 하루에도 수많은 사람이 이 땅에서의 삶을 마감하고 죽음을 맞이했을 것입니다. 그 가운데에는 남아있는 가족과 지인들에게 자기 뜻을 분명히 남긴 사람들도 있겠지만, 미처 유언을 남기지 못한 채로 눈을 감은 사람들도 있을 것입니다. 그런 상황에서 유가족들이 평생 느끼게 될 아쉬움과 막막함은 말로 다 표현하기 어려울 것입니다.

이 땅에 태어나 행복하고 멋지게 잘 사는 것도 중요하지만, 자신의 의지로 존엄한 죽음을 준비하여 삶을 마무리하는 것도 대단히 중요합니다. 이 자리에 계신 모든 시니어들은 각자 인생의 지혜와 자신만의 경험을 가지고 계십니다. 그 지혜와 경험, 그리고 이 땅에서 일구어 온 소중한 자산들을 잘 정리하여 가족들과 신앙의 후배들에게 사랑과 존경을 받는 시니어가 되기를 바라고 축복합니다.

오늘 배운 내용들을 떠올려가며, 이번 한 주간 동안 자필로 '나의 유언장'을 완성해보세요.

| 함께 찬양해요!

1. 오직 주의 사랑에 매여
2. 잠시 세상에 내가 살면서(찬송가 492장)

| 함께 기도해요!

1. 하나님의 마음에 합한 여생을 살며, 멋진 마지막 말을 남기는 시니어가 되게 하소서.
2. 오늘 작성해 본 유언장을 통해서 우리 가정이 더욱 화목하고 단단해지게 하소서.

다음주 과제 나의 유언장 완성하기

09

나를 기억해줘요!

말씀의 시니어

13 형제들아 자는 자들에 관하여는 너희가 알지 못함을 우리가 원하지 아니하노니 이는 소망 없는
다른 이와 같이 슬퍼하지 않게 하려 함이라
14 우리가 예수께서 죽으셨다가 다시 살아나심을 믿을진대 이와 같이 예수 안에서 자는 자들도 하나
님이 그와 함께 데리고 오시리라
15 우리가 주의 말씀으로 너희에게 이것을 말하노니 주께서 강림하실 때까지 우리 살아 남아 있는
자도 자는 자보다 결코 앞서지 못하리라
16 주께서 호령과 천사장의 소리와 하나님의 나팔 소리로 친히 하늘로부터 강림하시리니 그리스도
안에서 죽은 자들이 먼저 일어나고
17 그 후에 우리 살아 남은 자들도 그들과 함께 구름 속으로 끌어 올려 공중에서 주를 영접하게 하시
리니 그리하여 우리가 항상 주와 함께 있으리라
18 그러므로 이러한 말로 서로 위로하라

데살로니가전서 4장 13-18절

| 기억에 남는 장례식이 있나요? 어떤 이유로 기억에 많이 남았을까요?

1. 세계 여러 나라의 특이한 장례문화

● 가나의 ____________관(Fantasy Coffins)

● ________________의 하늘장(Sky Burial, 天葬), 또는 조장(鳥葬)

● 마다가스카르의 ___________________________________

〈MBC 태어난 김에 세계 일주 시즌 3, 6회의 한 장면〉

2. 우리나라 장례문화– 전통적인 장례와 기독교 장례문화

● ____________장례문화

우리나라의 전통적인 장례문화는 삶과 죽음이라는 애환이 고스란히 담겨 있으며 죽음으로 인한 단절, 이별, 슬픔이 지배적입니다. 또한 유교적 사상을 바탕으로 예(禮)를 중시하고 조상을 숭배하는 사상이 반영되어 있습니다. 시대에 따라 많은 변화가 있지만, 기본적으로 고인의 넋을 기리고 후손들이 덕을 본받아 살아가고자 하는 마음이 담겨 있습니다.

● ____________장례문화

기독교의 장례문화는 다른 종교의 장례문화와 다르게 죽음을 영원한 이별이 아닌, 하나님과의 재회를 위한 과정으로 보는 시각에서 출발합니다. 따라서 슬픔보다는 소망과 위로를 강조하며 예배를 중심으로 진행됩니다. 죽음을 끝이 아닌 새로운 시작으로 보고, 부활의 소망을 가지고 고인을 기억하도록 합니다.

기독교 장례문화는 죽음을 두려워하기보다는 하나님의 사랑 안에서 평안을 찾고, 부활의 소망을 품고 살아가도록 돕는 중요한 의식입니다. 교회는 유가족에게 필요한 영적인 지원과 실질적인 도움을 제공하여 슬픔을 극복하고 하나님나라에서 다시 만날 소망을 가지고 새로운 삶을 시작하도록 돕는 역할을 해야 합니다.

3. 장례식의 의미

1) 고인을 기리고 ________합니다. 고인의 삶을 되돌아보고 고인의 업적과 덕을 기립니다.
2) 유족의 상처를 _________합니다. 슬픔을 나누고 서로 위로하며 고인과의 이별을 받아들이는 과정을 돕습니다.
3) 공동체의 유대를 _______해 줍니다. 함께 모여 슬픔을 나누고 서로를 지지하며 공동체의 유대감을 강화합니다.
4) 고유한 장례 의식을 통해 각 문화권마다 역사와 전통을 이어갑니다.
5) 종교적 신념에 따라 고인이 영혼의 안식을 누리도록 기원하고 새로운 삶으로의 이행을 축복합니다.

4. 내가 상상하는 나의 장례식은?

1) 미리 가족을 위한 ___________을 남겨주세요.

*사전에 준비할 수 있는 목록입니다.

-장례식 장소를 정해줍니다.
-부고의 문구를 작성해 보세요.
-제단장식이나 헌화 꽃은 어떻게 할 것인지 정해둡니다. 생전에 좋아했던 꽃은 무엇인지, 어디에 어떻게 장식할 것인지 생각해 볼 수 있습니다.
-고인의 사진은 어떤 것으로 준비할지도 생각해 봅니다. 생전에 영상을 만들어두면 좋습니다. 사후에라도 사진이나 영상을 준비하여 조문객들에게 보여주면 어떤지 생각해 봅니다.
-관은 좀 더 특별한 관은 없는지 알아볼 수 있습니다.
-수의 대신 고인이 좋아했던 옷이나 양복이나 드레스를 입는 것은 어떤지도 고려해 봅니다.
-장지는 어떻게 할지, 해양장, 잔디장, 수목장, 묘지, 납골당 등 어디에 모시면 좋을지 정해봅니다. 수목장이면 어떤 나무가 좋을지도 생각해봐야 합니다.
-유골함은 어떤 것이 좋을지 선택해 봅니다.
-장지로 떠나는 차량은 어떤 것이 좋을지도 선택해 봅니다.
-입관예배, 발인예배 등 장례예식의 순서는 어떻게 할지, 순서에 평소 좋아하던 시 낭송이나, 편지 낭독, 좋아하던 찬양 특송 등 특별한 순서를 넣을 수도 있겠습니다. 장례예식의 사회나 기도를 부탁하고 싶은 사람을 정해주어도 좋겠습니다.
-고인의 발자취를 어떻게 소개할지 생각해 보고 정리해 두어도 좋겠습니다.
-종교생활에 대한 열정을 어떻게 표현할 수 있을지 돌아봅니다.
-장례식의 배경음악은 어떻게 할지 선택해 주어도 좋겠습니다.
-도우미 대신 가족이나 지인들이 조문객을 맞이할지도 생각해 봅니다.
-조문객 음식, 다과, 음료는 어떤 것으로 하면 좋을지 생각해 봅니다. 식기는 어떤 것을 사용할지, 일회용을 사용할지, 예쁜 식기를 사용할지도 선택할 수 있겠습니다.
-추모기념품을 준비하는 것은 어떤지도 고려해 봅니다.

2) ______________을 미리 준비해 주세요.

3) 살면서 지인들과 추억이 담긴 사진이나 영상을 많이 남겨주세요.

4) ______________의 도움을 받습니다.

내가 준비하는 나의 장례식

나의 장례식은 어떤 장례식이 되면 좋겠는지 생각해 봅시다. 나의 장례식을 준비할 수 있는 것들을 적어 보고, 내 장례식에서 나의 자녀들 혹은 지인들에게 전하고 싶은 이야기를 남겨 봅시다.

이렇게 참여해요!

1. 강의에서 들었던 내용을 기억해 보며 나의 장례식 분위기는 어떻게 이루어지면 좋을지 상상합니다.
2. 내 장례식에 필요한 부분을 찬찬히 생각해 보며 아래의 표에 적습니다.
3. 옆 사람이나 소그룹 안에서 또는 대표로 앞에 나와서 본인이 준비하고 싶은 특징적인 부분들을 요약하여 이야기합니다.

	목록	내용
1	장례식 장소	
2	부고의 글	
3	제단장식이나 헌화꽃	
4	생전에 좋아했던 꽃	
5	영정사진	
6	영정사진 외의 사진이나 영상	
7	관	
8	수의	
9	장지	
10	유골함	
11	장지로 떠나는 차량	
12	장례예식에 추가하고 싶은 순서	
13	장례식 사회, 기도, 특송	
14	고인의 발자취에 대한 소개	
15	종교생활에 대한 열정	
16	장례식장에 틀어놓는 음악	
17	조문객 음식, 다과, 음료	
18	식기의 종류	
19	추모기념품	
20	기타(더 추가하고 싶은 내용)	

이 세상을 떠나 가족과 사랑하는 이웃들과 헤어지는 일은 슬프고 내게 오지 않았으면 하는 일일 것입니다. 그러나 죽음은 하나님의 섭리와 이치로 누구나 맞이하게 될 일입니다. 우리 성도들은 부활의 소망을 안고, 죽음보다는 부활의 영광과 영원한 하나님 나라에서 예수님과 영원한 안식을 누릴 것을 바라보아야 합니다. 부활의 소망을 가지고 이 세상과 이별하는 날이 있음을 겸허히 받아들이고 죽음을 준비할 수 있어야 합니다. 나는 떠나가지만, 사랑하는 가족들과 친지들과 이웃들이 나를 기억해줄 수 있도록 유언과 유품을 잘 남기고, 이별하는 날에 대한 준비를 해둠으로써 이별하는 날에 모든 이들이 따뜻한 마음으로 나를 보낼 수 있도록 준비해 봅시다.

자녀들에게 미처 다 남기지 못한 유언이나 유품들이 있는지 잘 생각해 보고 한 번 더 정리해 봅시다.

| 함께 찬양해요!

1. 해보다 더 밝은 저 천국(찬송가 606장)
2. 죄 많은 이 세상은 내 집 아니네

| 함께 기도해요!

1. 죽음을 용기 있게 마주하며 나의 장례식을 아름답게 준비할 수 있는 용기와 마음의 여유를 주소서.
2. 죽음을 맞이하기 전, 주변 사람들에게 더욱 많은 사랑을 줄 수 있는 시니어가 되게 하소서.
3. 시니어반에 함께 하는 동역자들과 스태프들이 하나님의 사랑 안에서 사역을 기쁘게 감당하게 하소서.

다음주 과제

10

끝이 아닌 영원으로

내 주를 가까이 하게 함은

작사: 사라 아담스
작곡: 로웰 메이슨

내 주를 가까이 하게 함은
십자가 짐 같은 고생이나
내 일생 소원은 늘 찬송 하면서
주께 더 나가기 원합니다

내 고생 하는 것 옛 야곱이
돌베개 베고 잠 같습니다
꿈에도 소원이 늘 찬송하면서
주께 더 나가기 원합니다

천성에 가는 길 험하여도
생명길 되나니 은혜로다
천사 날 부르니 늘 찬송하면서
주께 더 나가기 원합니다

야곱이 잠 깨어 일어난 후
돌단을 쌓은 것 본받아서
숨질 때 되도록 늘 찬송하면서
주께 더 나가기 원합니다

소망의 고백

이 땅에서의 삶을 마무리하고 아버지 하나님을 만날 때, 어떤 말을 가장 하고 싶나요?
또는 어떤 말을 가장 듣고 싶나요?

축복 나누기

함께 과정을 마친 지체들에게 축복의 글을 남겨요.

활동자료

개강모임, 또 만났네요

소망과 준비

우리의 궁극적인 소망

메멘토 모리

천국 소망을 찾아서

호사유피 인사유명

믿음의 유산

나의 존엄한 죽음을 위하여

나를 기억해줘요!

끝이 아닌 영원으로

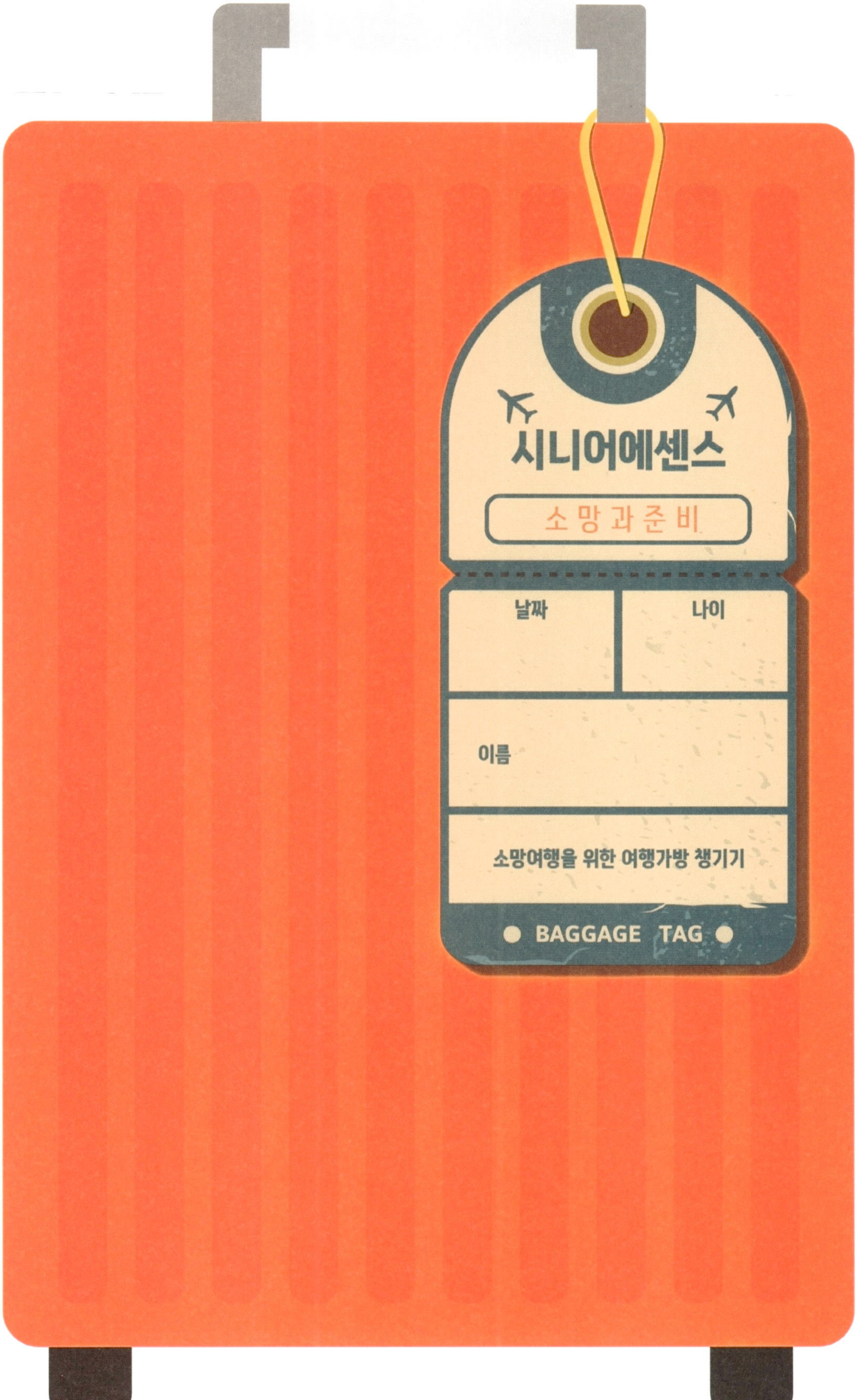
시니어에센스
소망과준비
날짜
나이
이름
소망여행을 위한 여행가방 챙기기
BAGGAGE TAG

✕ 반입불가

돈, 땅, 집, 자동차, 휴대폰, 카메라, 명예, 욕심, 불만, 의심, 후회, 불안함, 미움, 미련 등

○ 반입허용

천국소망, 믿음의 유산, 성경책, 장기기증, 유언장, 상속과 증여계획, 자녀들과의 대화, 온 가족여행, 사전연명의료의향서, 기부-사회환원, 장례식 계획, 수의, 영정사진, 가족사진, 등

년 월 일 요일 날씨:

제목: